Herstellung und Verlag:
Books on Demand GmbH, Norderstedt

**Bibliografische Information der Deutschen Nationalbibli**
Die Deutsche          bibliothek verzeichnet diese
Publikation in        tschen Nationalbibliografie;
detaillierte bibliografische Daten sind im Internet
über http://dnb.d-nb.de abrufbar.

ISBN 978-3837038415

www.sylvia-b.de

Sylvia B.

# briefe an lieschen

*Ein modernes Märchen für Erwachsene*

*liebes lieschen*
*wie geht es dir*
*mir geht es gut*

*stell dir vor liebes lieschen*
*es gibt neuigkeiten und scheinbar*
*wird sich daraus*
*eine geschichte entwickeln*
*auf jeden fall habe ich mir überlegt*
*dich fortlaufend über den stand*
*der entwicklung zu informieren*

*folgendes ist geschehen*
*und ich will dir berichten*

*vor einiger zeit habe ich*
*die große graue nebelige welt*
*des internet für mich entdeckt*
*das war schon*
*ein abenteuer für sich*

*und wie ich so*
*durch diesen nebel surfe*
*das wird surfen genannt*
*wenn man sich*
*ohne entsprechendes brett*
*nur am rechner*
*mit dem ich auch schreibe*
*in diesem internet tummelt*
*nimm es bitte wie es ist*
*ich muss kann und will*
*auch nicht alles verstehen*

*also wie ich mich so durch*
*diesen nebel fortbewege*
*lichtet dieser sich plötzlich*
*und ich entdecke*
*dass man dort*
*ohne große probleme*
*und zum teil*
*völlig anonym*
*geschäfte jeglicher art*
*tätigen kann*

*und da kam mir*
*der gedanke*
*zu einer*
*im wahrsten sinne des wortes*
*schlüpfrigen geschäftsidee*
*breche bitte nicht den stab über mich*
*ich bin nicht mehr jung*
*und brauche das geld*
*außerdem*
*machen helma und wonni*
*auch mit*
*sie sind sogar begeistert*
*und hoch motiviert*

*wir nennen uns die*
*koslowski sisters*
*ich bin resi koslowski*
*braucht ja nicht jeder mitzubekommen*
*wer hinter dieser sache steckt*
*schließlich leben wir auf dem land*
*wo jeder alles über jeden weiß*

*jetzt ist es raus*
*und wo Du es weißt*
*geht es mir viel besser*

*also für den fall dass Du*
*mir noch wohl gesonnen bist*
*schreibe ich dir im nächsten brief*
*wie die geschichte weiter geht*


*liebes lieschen*
*Du zeigst wahre größe*
*und auf dauer*
*scheinst du mir eh gewogen zu sein*
*darum hier und jetzt*
*die neuesten neuigkeiten*

*was soll ich dir sagen und schreiben*
*mit unserer geschäftsidee*
*scheinen wir den zahn der zeit*
*voll getroffen zu haben*
*hier geht richtig die post ab*
*denn wenn ich etwas unternehme*
*dann mache ich das auch gleich richtig*

*also*
*helma das arbeitstier*
*deckt konfektion 46 ab*
*wonni das bienchen*
*ist mit 40 dabei*
*naja*

ich schmales hemd
erledige die untergrößen

wie Du weißt
sind wir ehrliche leute
darum knechten wir gemeinsam
seit fünf wochen in meinem garten
der ist richtig propper geworden
und alle zwei stunden
werden die schlüppis gewechselt
in folie geschweißt
eingetütet und verschickt

pah lieschen
wir kommen gar nicht nach
die auftragslage ist enorm
öhrchen macht übrigens die buchhaltung
es muss ja alles seine ordnung haben

die anfragen
nehmen ständig zu
die umsätze erfreuen mein herz
die gewinne auch

wir haben eine eigene
homepage da kannst Du mal
ein äugelchen machen
wmw.koslowski-schlüppis.ow
die wird von öhrchen verwaltet
sie ist ein richtiges wieselchen
die gute

auf jeden fall werden wir uns
in nächster zeit
urlaub genehmigen
das haben wir uns verdient
in sechs wochen geht es
auf die malediven
wir brauchen dringend pause
gebucht und bezahlt ist schon
aber weißt Du was wir
auf keinen fall mitnehmen

ein höschen


liebes lieschen
es gibt schon wieder
neues zu berichten
hast Du meine karte
aus dem urlaub erhalten
traumhaft die strände
das hotel war eine wucht
wir haben uns gut erholt

helma wonni und ich
haben uns übrigens überlegt
unsere geschäftsidee auszuweiten
ich habe eine kleine firma gegründet
der schwippschwager von helma
ist ja im baugewerbe tätig
und hatte sein altes büro
mit kleiner lagerhalle
ist mehr eine art doppelgarage
schon eine weile leerstehen

auf jeden fall hat er uns das objekt
für unsere zwecke zur verfügung gestellt

ist keine besonders gute lage
aber öhrchen hat ein eigenes büro
wonni und ich haben uns
den sozialraum nett eingerichtet
die miete ist gering und das lager trocken

wonni und helma kommen von der arbeit
direkt zur firma und liefern ihre tüten ab
sozusagen sind das doppelverdiener
ich knechte halbe tage in meinem garten
und sitze dann vor dem rechner
weil ich öhrchen entlasten will
und auch irgendwie
die fäden nicht aus der hand
geben möchte

obwohl mittlerweile überlege ich
ob ich mir nicht einen gärtner
zulegen sollte
hier gibt´s richtig was zu tun
besser wäre natürlich eine gärtnerin
die könnte ich dann noch
in die firma einbinden
mit wonni habe ich schon gesprochen
die fängt nächsten monat fest bei mir an
öhrchen schafft die post
nicht mehr alleine

die schlüppis beziehe ich jetzt schon
vom großhändler der gibt mir rabatt

auf die mädels bin ich stolz
die klotzen richtig rein

und was die nachfrage angeht
da liegt wonni ganz vorne
sie hat aber auch gute ideen
so hat sie
einen eigenen entwurf gemacht
in den farben ihrer
lieblingsfußballmannschaft
Du wirst es nicht glauben liebes lieschen
ihr modell schwarz gelb
verkauft sich in ihrer größe
am besten

wie Du lesen kannst
ich komme mit der firma gut voran

das war eine prima geschäftsidee
das mit den getragenen höschen
im internet


*O*h liebes lieschen
wenn ich dir erzähle
was sich hier wieder ereignet hat
ich hoffe es geht dir gut

die helma ist doch mit uns im geschäft
Du weißt ja um was es geht
helma ist und bleibt ein arbeitstier
das weißt Du ja auch aber
am besten erzähle ich von anfang an

also
als sich die koslowski sisters gründeten
sollte helma den bereich
sage ich mal vorsichtig
der gut proportionierten
übergrößen abdecken
wir haben dabei den markt
der personengruppe die gewissermaßen
ödipussitechnisch unterwegs ist
zu erfassen versucht
will ich mal ganz vorsichtig formulieren

der grundgedanke war ja nicht schlecht
was wir nicht berücksichtigt haben war
dass diese beschriebene
personengruppe
wohl überwiegend aus
spätpubertierenden knaben besteht
die noch die schulbank drücken
oder sie nie richtig gedrückt haben
also in der situation sind
sich diese übergrößen
nicht leisten zu können
und die die es könnten
scheinen sie sich
nicht leisten zu wollen

das wäre ja jetzt kein problem
wir sind ja willens
den markt zu beobachten
und entsprechend zu reagieren
aber helma ist eben ein arbeitstier

*und als sie damals sagte*
*dass ihr schwippschwager*
*eine baustelle hätte und sie*
*dort mithelfen wollte*
*und es sich ja förmlich angeboten hat*
*die gunst dieser stunden zu nutzen*
*habe ich ihr gesagt*

*helma hausse rinn*

*lieschen*
*sie muss die schlüppis doppelt getragen*
*und die schichten dreifach gefahren*
*haben*

*was soll ich sagen*
*öhrchen hat gestern den bestand geprüft*
*das lager ist übervoll*
*mit übergrößen die keiner haben will*

*helma habe ich gesagt*
*helma Du brauchst einen mann*
*an deiner seite*
*und dann habe ich sie im internet*
*bei topf sucht deckel angemeldet*
*wohlgeformte aus textilbranche*
*sucht gutsituierten aus dem bereich*
*recycling*

*sie ist mir überhaupt nicht böse*
*ich denke*
*das geschäft ist eh nichts für sie*

*ach mein liebes lieschen*
*wenn ich dich nicht hätte*
*wüsste ich nicht*
*wem ich mein leid klagen sollte*

*wonni macht zicken*
*das hätte ich nicht von ihr gedacht*
*als hätte ich nicht schon genug*
*um die ohren*

*aber so ist das*
*wenn es dem esel zu wohl ist*
*geht er aufs eis*
*und wenn er weiblich ist*
*fliegt er ständig*
*ohne höschen auf die malediven*
*das hätte ich wonni niemals zugetraut*
*dass sie mich so hängen lässt*
*und das kam so*

*richtig erklären können öhrchen*
*das ist übrigens ein richtiges lichtlein*
*in meiner finsternis*
*also öhrchen und ich*
*können es uns auch nicht richtig erklären*
*warum gerade wonnis aktivitäten*
*von einem solchen erfolg gekrönt sind*
*sie ist ein richtiger böörner*
*in dem geschäft*

*dir geht es doch gut liebes lieschen*

der erfolg scheint wonni
nicht zu bekommen
als wir uns damals den ersten verdienten
urlaub auf den malediven gegönnt haben
ist wonni bereits nach vierzehn tagen
zurückgeflogen und nur deshalb
um in irgendeinem
überfüllten fussballstadion
in irgendeiner ostkurve
ihre lieblingsfussballmannschaft
verlieren zu sehen

nach unserer rückkehr aus dem urlaub
mussten wir sie
erst einmal wieder aufbauen
das haben wir ja gerne gemacht
und was ist der dank
ich gehe noch hin
und besteche ein paar leute
damit wonni in der viploge einen sitzplatz
für das nächste spiel dieser
ständigen verlierermannschaft bekommt
mit anschließenden sektempfang
in der umkleidekabine
und was macht wonni
nutzt die situation schamlos aus
und äugelt mit dem einzigen
hoffnungsträger dieser mannschaft
einem gewissen okkugungo

wo ich den verein noch gesponsort habe
damit sie den
von sonstwo einkaufen können

und wonni
schnappt sich den knaben
und fliegt mit ihm
ohne höschen auf die malediven

und jetzt habe ich den verein am hals
und keine schlüppis in größe 40 im regal

wegen wonni muss ich jetzt
mit den dingern rumturnen
so kann ich doch nicht
auf die straße gehen
öhrchen macht schon
die einkäufe für mich
mein engel der nacht

ach lieschen ach lieschen
ich meine der herbst hat ja durchaus
auch seine schönen tage
aber muss das denn
unbedingt mit einem fussballspieler
aus der ostkurve sein


*l*ieschen mein lieschen
wonni ist wieder da
und die mannschaft
hat ihren lichtblick zurück
ich kann wonni ja verstehen
habe mir den knaben betrachtet
besonders von der rückwärtigen ansicht
Du weißt ja
ich achte schon auf innere werte

er ist so muss ich gestehen
ein zwei drei sünden wert
und von der bettkante würde ich ihn
auch nicht schubsen
aber mit wonni musste ich ein
ernstes wort sprechen

wonni habe ich gesagt
wonni was sage ich immer
meinen mädels
nehmt euch keinen schönen mann
den finden andere frauen auch schön
und
den habt ihr darum
nie für euch allein

wonni meinte dann
dass das wohl auch zu ihrem
hauptproblem während ihrer
sagen wir mal episode wurde
aber sie hat tapfer die drei wochen
sonne und strand mit ihm durchgehalten
jetzt ist der verstand wieder da
und ihr geschäftssinn auch


lieschen halte dich fest
ich gehöre jetzt
zur guten gesellschaft

seid geraumer zeit
bin ich mitglied im örtlichen
unternehmerdachverband

und jetzt
wurde ich auch noch aufgefordert
dem hiesigen tigerclub beizutreten

der hat überhaupt nichts
mit den bekannten
großwildclubs zu tun
das ist was ganz elitäres
so was wie eine loge

auf jeden fall muss ich jetzt
weihnachten plätzchen
für bedürftige backen
aber darüber habe ich schon
mit meinem lieblingsöhrchen gesprochen
hat sie abgenickt mein sonnenschein

der mitgliedsbeitrag ist nicht ohne
aber dafür gehöre ich eben jetzt
zur besseren gesellschaft

zum stiftungsfest
wurde ich auch eingeladen
ich musste ja meinen einstand geben
aber weißt Du was
wenn man schützenkönigin wird
kostet das auch geld
na ja ich glaube das fest
war mehr meine stiftung
aber was soll es

auf jeden fall lieschen
diese veranstaltung war schon
etwas ganz besonderes

zu dem anlass habe ich
mein kleines schwarzes
aus dem schrank geholt
passt immer noch haha
habe darauf geachtet
dass die halterlosen nicht auftragen
bin zur visagistin und
in voller kriegsbemalung
zur stätte der party gefahren
dort habe ich sofort anschluss gefunden
und wurde nach golf
und meinem handicap gefragt
nein habe ich gesagt
ich fahre einen japaner
und mein handicap ist mein ex
und manchmal habe ich
das reißen in der schulter

da haben die so dumm gekichert
na ja ist eben feine gesellschaft
auf jeden fall schlich die ganze zeit
so ein merkwürdiger mensch
um mich herum

den habe ich erst einmal gefragt
ob er in der frischfleischbranche tätig sei
da war er beleidigt
hat sich mit mutbrause zugekippt
und machte dann
den john travelta auf der tanzfläche
das wiederum habe ich
in den ganz falschen hals bekommen
ich bin von einem manstripper
ausgegangen

habe ein paar fünfer
aus meiner tasche gekramt
und sie ihm in den hosenbund gesteckt
auf jeden fall stand plötzlich
seine frau neben mir
und zickte mich an
was ich von ihrem mann wolle
er sei erster tänzer
bei den hiesigen bühnen

ich konnte doch nicht ahnen
dass er zu dem programm gehört
vorab zum besseren verständnis
ein harfensänger ist harmlos aber nervig
und macht palim palim
Du findest ihn zumeist
gefesselt und geknebelt
auf irgendwelchen bäumen
ein hafensänger versucht sein glück
in den beziehungshäfen und
da es davon viele gibt
wartet in jedem eine braut
suche dir aus
ob dieser solotänzer mit
oder ohne r sein unwesen treibt
auf jeden fall
gehört er zur guten gesellschaft

wobei richtig wohl
fühlte ich mich nicht
ist vielleicht doch nicht mein ding
diese feinen gesellschaften

*auweia aubacke lieschen*
*jetzt haben wir das malheur*
*ich bin ja nicht davon ausgegangen*
*dass ich nach meiner vorstellung*
*bei diesem gestifteten stiftungsfest*
*noch gesellschaftsfähig bin*

*was mich allerdings stutzig gemacht hat*
*die nachfrage an untergrößen*
*also was wo mein fachbereich ist*
*hat schlagartig zugenommen*
*die alten lagerbestände*
*waren ruck zuck vergriffen*
*selbst das modell rosa zuckerschnecke*
*das bis dahin ein ladenhüter war*
*ist vergriffen*
*stelle dir das mal vor*

*ich habe mich natürlich gefreut*
*der rubel rollt*
*aber irgendwie kam mir das ganze*
*doch etwas komisch vor*
*und öhrchen ist der sache*
*auf den grund gegangen*

*was soll ich dir sagen*
*ihre ermittlungen haben ergeben*
*dass wir es mit einem großabnehmer*
*in kleinen mengen*
*aber dafür ständig*
*und regelmäßig zu tun haben*

*das hat uns stutzig gemacht*

zumal dieser abnehmer
den mengenrabatt
überhaupt nicht in anspruch nahm

zum besseren verständnis lieschen
bei abnahme von fünf schlüppis gibt es
das modell hexenhausgeflüster
als zugabe

die warensendungen wurden
zu einer briefkastenfirma
im nachbarort geliefert

kannst Du dir vorstellen wie das ist
wenn man von den eigenen mitarbeitern
hochgenommen wird

auf jeden fall flatterte hier plötzlich
eine einladung für uns ins haus
die landwirtschaftlichen kündigten
ihren jährlichen bullenball an
mit kostümpflicht versteht sich
wir haben uns nicht lumpen lassen
und sind als jahreszeiten aufgeschlagen

helma ging als scharfer winter
wonni war das frühlingserwachen
öhrchen der mitsommernachtstraum
und ich war die verschärfte herbstzeitlose

die kostüme haben mich
ein vermögen gekostet
aber die investition hat sich gelohnt

helma hat sich sofort
den größten schweinebauern im umfeld
unter den nagel gerissen
wonni brachte die jungbauern
um den verstand
öhrchen machte mir die anstandsdame

die brauchte ich auch
in der tat habe ich einen verehrer

ein jungbullenzüchter
aus wellewig-knosewick
das hat er mir zur späten stunde
im suff gestanden
und das ihm die frau
mit dem tennislehrer
durchgebrannt ist auch

öhrchen hat mich dann gerettet
in dem sie
eine ohnmacht vortäuschte
und ich sie schnell
nach hause bringen musste

also irgendwie
sind diese
feinen gesellschaften
allesamt
nicht so ganz
mein ding

*D*u erfreust dich doch bester
gesundheit liebes lieschen
das war ein tag
lasse mich berichten

es fing schon damit an
dass mir mein lieblingsöhrchen
zeitnah zum morgengruße verkündete
dass eine prüfung der bücher
ins haus steht

ich bin sofort
in einen koma ähnlichen zustand gefallen
aber öhrchen
hatte sogar an riechsalz gedacht

die bücher sind tacko
du kannst dich auf mich verlassen
außerdem kenne ich den prüfer
das ist der schapwulzki
den kenne ich noch aus der zeit
als ich bei dem schwabke dem schinder
für ne schmale mark überstunden
ohne ende machen musste

öhrchen mein schatzekind sagte ich
ist der schwabke
nicht mitsamt seiner klitsche
über die wupper gegangen
da war doch was
mit betrügerischem konkurs

nein meint mein öhrchen
das war doch vor meiner zeit

noch bevor ich dieses thema
vertiefen konnte
wurde die tür aufgerissen
und helma walzte mich nieder

mit schweinebauer ist schluss
das ist ein ferkel
ich fange hier wieder an

sofort habe ich
eine außerordentliche
kriesensitzung einberufen
wegen helma und schapwulski

helma habe ich gesagt
helma wir sitzen auf deinen
überproduktionen fest

ich helfe öhrchen bei der post

helma weißt Du was dein problem ist
Du definierst dich entweder
über die arbeit
oder die männer
das ist nicht gut
definiere dich über dich selbst

lieschen glaube mir
ich hatte sie fast soweit
ich habe gezwitschert
wie ein vögelchen im frühling

Du sitzt doch lieschen

ein ohrenbetäubendes getöse
katapultierte mich
aus meinem chefsessel
direkt zum fenster
da stand auf der straße
ein trecker mit hänger
und darauf
überdimensionale beschallungskästen
und ich hörte den gnödemeier
gib mir mein herz zurück
du willst meine liebe nicht
und ich hörte helma schreien
schweinebauer das wirst Du bereuen
in öhrchens armen bin ich
aus der ohnmacht erwacht
bei gnödemeier
wenn man nach lust schwappt
auf dem trocknen trimmt
sehe helma am offenen fenster stehen
mit einer flitsche
die sie aus den schlüpfergummis
ihrer überproduktion gebaut hat
und der schwarzwälderkirschtorte
im anschlag
die ich eigentlich
in meinen club mitnehmen wollte
und konnte nur noch seufzen
helma mache dich nicht unglücklich
in dem moment
kam der schapwulzki um die ecke
und die torte landete einen volltreffer
jetzt wird nächste woche geprüft
lieschen ich brauche dringend urlaub

*lieschen hier war die hölle los*
*ich berichte*
*helma hat sich wieder*
*mit ihrem bauern versöhnt*
*wonni musste unbedingt wegen*
*eines fussballspiels ihren urlaub*
*im bayerischen wald abbrechen*
*mit der stimmt auch irgendetwas nicht*
*und öhrchen hat ordnung geschaffen*

*die reinigung für schapwulzkis anzug*
*habe ich aus der portokasse bezahlt*
*und dann stand die prüfung ins haus*
*öhrchen meinte zwar*
*dass ich emotionstechnisch übertreibe*
*aber*
*solche ereignisse verursachen bei mir*
*unangenehme gefühle*
*in der herz magen gegend*

*öhrchen hatte schapwulzki schon*
*in empfang genommen als ich etwas*
*verspätet die stätte des grauens betrat*
*ich sah ihn völlig fassungslos*
*in öhrchens büro blicken*
*und hörte ihn nur ausrufen*
*was ist das*

*herr schapwulzki das ist das was man*
*kosmische gerechtigkeit nennt*
*aber treten sie doch bitte ein*
*und machen es sich bequem*
*kaffee gefällig*

ich bin sofort in die küche
die dröhnung von lakobs
nur vom feinsten fürs finanzamt
da mache ich sogar den service
hauptsache mein öhrchen gibt gas

herr schapwulzki was habe ich unter
dem sklaventreiber schwabke gelitten
hörte ich sie seufzen
können sie sich erinnern kein wasser
keine heizung und hinter dem geld
bin ich auch nur hergerannt

ist das dort ein konzertflügel meine liebe

ja ich liebe chopin und den flügel
habe ich für sechs monate
betriebszugehörigkeit erhalten
der taucht nicht in den büchern auf
hier habe ich endlich das gefühl
mensch zu sein ah der kaffee
ein tässchen herr schapwulzki

er hatte tatsächlich auf öhrchens
themperierten high tech office chaire
der rolls royce unter den bürostühlen
platz genommen
lieschen unser öhrchen zwitscherte
wie eine nachtigall

den habe ich doch gleich
in der ersten woche
spendiert bekommen

der stuhl der neuen
managment generation
für die
schnelligkeit dynamik
und tranzparenz zählt
auf jede mikro bewegung von mir
reagiert dieses meisterwerk synchron
wird so
zu einem werkzeug der konzentration
und diese raffinierte automatik
verwandelt ihn im nu
zu einer wellnessliege

lieschen
öhrchen hat den schapwulzki flachgelegt
und dann höre ich ihn hauchen
darf ich öhrchen zu ihnen sagen
ich heiße hubert

ich musste ganz schnell weg
mir wurde schlecht
wonni hatte mich dann
im lager aufgetrieben
wo ich heulend auf einer bierkiste saß
sie meinte dass ich nicht so alt
werden könne wie ich aussehe
und nannte mich herrin der augenringe
wonni bekommt vorläufig urlaubsperre
ich habe ihr gesagt
wenn das ärger mit den büchern gibt
wird sich öhrchen
den schwabke zurück wünschen
dann setze ich sie
auf einen holzschemel

bei wasser und brot

wonni nahm öhrchen in schutz
und meinte
dass ich posttraumatisch
unterwegs sei
bestimmt irgendein
frühkindliches ereignis
das mich ständig
aus der bahn wirft
und wie es aussieht
schon pathologisch
bei mir wirkt

ich wollte gerade tief luft holen
als ich öhrchen flöten höre

ich habe hubert zur tür gebracht

w a s   i s t   m i t   d e n   b ü c h e r n

die sind natürlich tacko
das habe ich dir
doch vorher
schon gesagt

lieschen ich muss hier weg

*h*uhu lieschen
schöne grüße von mir
aus der klinik
zum seligen seelenfrieden
hier ist es richtig schön

habe ja eine ganze weile nichts mehr
von mir hören lassen und das kam so

stell dir vor liebes lieschen
sag mal dir geht es doch gut
also stell dir vor
nicht nur dass das öhrchen
das heißt mein laden natürlich
buchhaltungführungstechnisch
beim finanzamt glänzte
nein wir sind für
vorbildliche unternehmensführung
bei irgendeinem innovationspreis
im gespräch

mir ging es schlagartig besser
als ich davon erfahren habe
meine belegschaft hat mir dann
diesen klinikaufenthalt spendiert
öhrchen hat das zusätzlich
mit meiner kasse besprochen
die gaben noch einen zuschuss

auf jeden fall bekomme ich hier täglich
körper und seelenmassage
das tut ja so gut

und ich kenne jetzt auch
die ursache für meine probleme
ich soll ein aschenputtelsyndrom haben
da bin ich froh
gegen ein dornröschensyndrom
spricht eindeutig dass ich nicht
den tag verpenne
das ist doch schon einmal etwas

mein hiesiger psychopath meint
dass ich sowohl
mein eigenes aschenputtel
als auch die böse stiefmutter
und die beiden stiefschwestern bin
sozusagen scheine ich
multible persönlichkeitsstrukturen
aufzuweisen
die ich mir geschaffen habe
ich blockiere mich quasi selbst

da habe ich ihn gefragt
wo denn der prinz sei
der mich aus diesem dilemma befreit
auf den könnte ich lange warten
meinte er da
momentan seien nur frösche unterwegs

na lieschen
das sind ja rosige aussichten
auf jeden fall habe ich auf eigene faust
und ganz geheim
mein therapieprogramm erweitert
und das war eine weise entscheidung

stell dir vor lieschen
im nachbarort lebt eine frau
die im höchsten maße
spirituell unterwegs ist
und bei der war ich und habe auch
meine probleme mit ihr besprochen

lieschen ich sage dir
alles wird gut
aber wie
das schreibe ich dir
im nächsten brief


liebes lieschen
wenn ich dir das alles erzähle
was ich erlebt habe
dann darf ich dir
keine briefe mehr schreiben
sondern gleich ein buch
das wäre übrigens durchaus
eine überlegung wert

ich schweife ab
also
ich bin noch einmal
zu dieser weisen frau geschlichen
die orthodoxen hier
sehen das nicht gerne
kann ich verstehen
da brauche ich mir nur
die abrechnungen anzusehen
aber ich schweife wieder ab

diese frau ist eine richtige hexe
wir haben uns auf anhieb gut verstanden
auf das weitere prozedere dieser sitzung
gehe ich hier nicht weiter ein
nur soviel sei geschrieben
es war spannend

die endergebnisse zählen darum
aufgepasst lieschen
jetzt kommt der knaller

Du weißt ja dass sich immer alle
über mich lustig machen weil ich
scheinbar selbstgespräche führe

es ist ganz anders denn stelle dir vor
ich bin meine eigene urgroßmutter

pah jetzt staunst Du lieschen

das heißt dass ich ständig im dialog
mit ihr stehe und nicht mit mir haha
und ich habe ja auch schriftlich
mit brief und siegel
dass meine urgroßmutter aus einer
alten generalsfamilie stammt zack zack
richtig von und zu und auf und davon
und mein jetziges ich so erscheint es
ist ganz normal
durchschnittlich bürgerlich strukturiert
und da haben wir meine
oder sage ich besser
unsere paradoxe situation

*jetzt höre ich dich sagen liebes lieschen*
*schmeiße doch deine uromi raus*
*oder dich*
*ich wäre bekloppt wenn ich es täte*
*denn immerhin war ich auch*
*noch weit vor meiner zeit*
*ein eroberer*
*darum kann ich in diesem leben*
*auch kein blut mehr sehen*
*ein richtiger haudegen war ich*
*davon will mein ich im jetzt*
*nichts mehr wissen*
*darum hocke ich auch heulend*
*auf bierkästen*
*wenn es stress gibt*

*und jetzt weiß ich*
*dass ich das*
*nicht mehr machen werde*
*denn ich kehre dann*
*meine uromi raus*
*und die haudegen*
*wenn ich dann noch*
*ein richtiges luder werde*
*wird mir schapwulzki das nächste mal*
*das Du anbieten*
*ich überlege ob ich investiere*
*und mir den titel zurückhole*
*dann wäre  i c h  feine gesellschaft*
*aber wozu sollte ich das tun*
*mir reicht es doch wenn  w i r  es wissen*
*und außerdem würde mich das*
*zeit und geld kosten*

was ich beides
sinnvoller in neue projekte stecken sollte
auf jeden fall werde ich mich erst einmal
selbst als geheilt entlassen

und für meine belegschaft
werden neue zeiten anrücken
zack zack


lieschen Du bist eine petze
finde ich nicht gut
dass Du hinter meinem rücken
mit wonni telefoniert hast

auf jeden fall haben mir die mädels
bei meiner rückkehr
einen empfang bereitet
standen im eingang in reih und glied
salutierten und riefen zack zack

fahne und banner haben sie
auch anfertigen lassen
das modell hexenhausgeflüster
auf weißem grund

na habe ich geraunzt
haben wir hier eine undichte stelle
zack zack kam als antwort

ihr steht da wie die fragezeichen
nach dienstschluss wird noch exerziert
betretene gesichter hähähä

öhrchen brachte dann schnell kaffee
und ich durfte
in ihrem office chair platz nehmen
dann gab es das
was man eine lagebesprechung nennt

wonni fragte mich zuerst
nach dem namen meiner uromi

charlotte
marie charlotte

aha meinte sie da
dann nenne ich dich zwiebel
ich sage dir gleich
bringe mich nicht zum weinen

Du wonni habe ich geraunzt
bekommst fürs erste urlaubsperre
und ich dulde keine streitfrage
ob es besser sei geliebt als gefürchtet
zu werden oder umgekehrt
da gebe ich nur eine antwort
man sollte beides sein
und wer das leben nicht so sieht
wie es ist
sondern wie es sein sollte
arbeitet auf seinen eigenen ruin hin

meine güte warf öhrchen ein
sie zitiert machiavelli
und ich dachte sie hält es mit sunzi

öhrchen erwiderte ich
die rosinen immer schön in mehl wälzen
damit sie nicht im teig versinken
und wenn der kuchen fertig ist
können wir sie schön herauspicken
zwiebelismus jubelte wonni
ich bin dabei

lieschen nun mein plan
wir werden expandieren
export ist die devise

mit den modellen oranje meisje
brigit tricolore und sophia nationale
werden wir international
den durchbruch feiern

und dann kam öhrchen ins schwärmen
ein banner
oranje meisje auf pinken grund

meinen segen hat sie


*M*ein liebes lieschen
verzeihe mir dass ich so lange
nichts mehr von mir hören ließ
aber
es gab viel zu tun
und es gibt ganz viele neuigkeiten
zuerst die schlechte nachricht
ich bin keine firma mehr

*jetzt die gute nachricht*
*ich bin jetzt eine*
*gesellschaft mit beschränkter haftung*
*und*
*companion kommandit gesellschaft*
*auf aktien*
*pah*
*ich bin unternehmerin*
*und ganz dicke im geschäft*

*zuerst habe ich mit öhrchen*
*die gesellschaft gegründet*
*und ihr prokura erteilt*
*jetzt zeichnet sie mit ppa*
*die beförderung tut ihr richtig gut*
*wurde aber auch zeit*
*und stell dir vor*
*ich habe sie nicht mehr*
*am konzertflügel sitzen sehen*

*neue türschilder und visitenkarten*
*habe ich auch anfertigen lassen*
*ich nenne mich jetzt managing director*
*öhrchen ist financial direktor*
*und hat einen eigenen sekretär*
*darauf hat sie bestanden*
*obwohl es deshalb ärger mit helma gab*
*die meinte dass sie keine kerle*
*in der firma haben wollte*
*wir sind ja jetzt ein unternehmen*
*habe ich ihr gesagt da muss das so sein*
*wichtig ist*
*dass öhrchen keinen kaffee*
*mehr kochen muss*

wonni ist dann auch eingestiegen
sie ist meine stellvertreterin
und nennt sich vice managing director
natürlich auch mit eigenem sekretär
das ist glaube ich der bruder
von diesem fussballspieler mit dem sie
auf den malediven war
auf jeden fall kocht der kaffee für sie
und massiert ihr die verspannungen
im nacken weg
es läuft also bei den beiden bestens

helma hat gemault
weil sie im moment
wieder knapp bei kasse ist
ich habe sie zum
logistik und service direktor gemacht
auf jeden fall macht sie jetzt diät
und sprintet im jogger
durchs lager und zur post
weil sie unbedingt
so erfolgreich werden will wie wonni
wie sie sagt

ich denke aber der grund ist der
dass das mit den sekretären so gut läuft
und ich werde das gefühl nicht los
das schweinebauers zeiten gezählt sind

aber mehr im nächsten brief an dich
liebes lieschen

*So lieschen*
*der nächste schritt war der*
*dass ich mit wonni*
*eine kommanditgesellschaft*
*gegründet habe*
*wegen der haftungsbeschränkung*
*verstehst Du*
*die sache mit helmas anschlag*
*auf schweinebauer hatte mir*
*zu denken gegeben*
*mit schlüpfergummis lässt sich viel*
*schaden anrichten*

*dann ging es noch um die trennung*
*der vermögenswerte*
*und die ganzen rechte und pflichten*
*auf jeden fall bin ich jetzt auch noch*
*mehrheitlich komplimentär*
*und wonni ist mein kommanditist*
*fand sie gut wegen der endung ist*

*meine mädels sind zufrieden*
*und hochmotiviert wollen wir doch*
*weiter gewinne erzielen*

*wo es stress gab*
*war die sache*
*mit den aktien*
*die sollen ja börsennotiert sein*
*es war eigentlich*
*alles in trockenen tüchern*

ich hatte mir die mehrheit
der aktienbriefe gesichert
den rest hatte ich
unter den mädels aufgeteilt

öhrchen muss wegen der börsenaufsicht
quartalsweise bilanzen erstellen
schadet ja nichts
weil es tranzparenz schafft
und sie sollte chef im aufsichtsrat werden
ich habe mich zum vorstand
vorgeschlagen
gleich eine versicherung abgeschlossen
und eine hauptversammlung einberufen
ja und dann ging das theater los

helma hatte sich das geld für ihre aktien
von ihrem bauern geliehen
und der hat ihr das
bei passender gelegenheit
aufs butterbrot geschmiert
da war sie sauer
musste sich einen trinken gehen
ist im dorf düsterwand aufgeschlagen
und sofort mit tina zusammengeprallt
die nennt sich dort nadja de catherin
und macht im dorf
die männlichen kegelclubs bekloppt
es kam wie es kommen musste
mit nadjas hilfe hat helma im suff
ihre aktien weiterverbimmelt
und kam mit nadja
und drei gröhlenden kegelclubs
zur hauptversammlung

öhrchen hat erst einmal gelüftet
ich griff zu riechsalz und antidepressiva

es war furchtbar lieschen
die brüder haben sich
um den vorstandsposten
geprügelt jeder wollte boss werden
ich bin dann mit nadja
diskret vor die tür gegangen
und habe ihr gut zugeredet
sie ist jetzt manager of field service
mit eigenem sekretär und befugnissen
ich brauche eh jemanden
für den aussendienst

fallst Du einmal etwas
von den waffen einer frau gehört hast
vergiss es ganz schnell
nadja ist eine waffe

sie hat es jedenfalls geschafft
den jungs die anteile wieder abzuluchsen
hat mich ein paar kästen bier gekostet
dafür bin ich auch helmas
überproduktionen quitt geworden
das ganze nennt man squeeze out
jetzt ist die welt wieder in ordnung

und was gibt es bei dir neues
liebes lieschen

*lieschen wir kommen gut voran*
*wonni ist von mir beauftragt worden*
*fragebögen zu erstellen*
*die mit jeder lieferung*
*an die kunden versand werden*
*damit wollen wir uns ein bild verschaffen*
*um sinnvoll reagieren zu können*

*bekommen wir den fragebogen bei der*
*nächsten bestellung zurück*
*gibt es das modell frühlingserwachen*
*als zugabe*
*statistik ist wichtig*

*nadja führt direkt erhebungen durch*
*durch ihre art der offenen fragestellung*
*ist es uns gelungen*
*anhand von zahlenreihen*
*endgültige rückschlüsse*
*auf den bedarf zu schließen*

*die konsequenz konnte nur sein*
*dass sie die kellnerinnen im dorf*
*düsterwand unter vertrag nahm*

*jannette wurde gruppenleiterin*
*und regelt die logistik*
*es ist alles eine frage des dreisatzes*
*mit dem taschenrechner*
*geht es natürlich schneller*

*und auch der export macht fortschritte*
*und da kam uns der zufall zu hilfe*

helma kloppt noch stunden
bei ihrem schwager
der eine bäckerei betreibt
jetzt hat sie sich ja mittlerweile auf
konfektion 42 heruntergehungert
und was soll ich dir sagen
die italienischen männer
liegen ihr zu füssen
das modell sophia nationale
kommt an die umsatzzahlen
von wonnis schwarzgelb dicht heran

helma ist begeistert
mit schweinebauer ist schluss
und sie hat die mädels aus den
backstuben im umkreis
unter vertrag

was mir ja ganz wichtig ist
das unternehmen ist nicht
durch die individualität des einzelnen
charakterisiert
sondern
durch ausgeprägtes
gruppenbewusstsein geprägt
hier herrscht harmonie

im innenhof habe ich mir
ein kiessandbeet angelegt
mit meiner kleinen harke
zeichne ich kreise und wellen
das ist gut für meine und charlottes seele

alles wird gut

hubert hat öhrchen
einen heiratsantrag gemacht
sie hat dankend abgelehnt
mit der begründung
dass eine beziehung
ihrer karriere im wege stehen würde
hubert ist untröstlich
die nächsten vier jahre
hängt sie eh
auf dem aufsichtsratposten fest
hoffentlich geht sie mir dann
nicht in rente

sorgen machen mir die niederländer
und franzosen
nadja wird das als nächstes
in angriff nehmen
sie kann übrigens auch fremdländisch
und ist erstaunlich tüchtig

die untergrößen laufen schleppend
besonders das modell
hexenhausgeflüster
will kein mensch haben
aber ich habe mir eh überlegt
nur noch managmentaufgaben zu leisten
und mit meiner kleinen harke
kreise und wellen im kiessandbett zu
zeichnen

alles ist gut liebes lieschen

*lieschen stell dir vor*
*öhrchen hat*
*den zwergenaufstand geprobt*
*ausgerechnet*
*mein lieblingsöhrchen revoltiert*
*aber ich will dir genau berichten*

*charlotte und ich waren im innenhof*
*und probierten neue wellen aus*
*als öhrchen wutentbrannt*
*durch mein kiessandbeet stapfte*

*ich rief noch aus*
*öhrchen meine wellen sind tabu*

*das ist mir schnurzegal kam zur antwort*
*sie kochte förmlich über*
*dann hat sie mich*
*mit schwabke verglichen*
*mir ist meine kleine harke*
*aus den händen entglitten*

*sie drohte mir an*
*eine sperrminiorität auszuüben*
*sie hat immerhin*
*mehr als zehn prozent aktienanteile*
*damit kann sie beschlüsse boykottieren*
*oder verzögern*
*das sie damit drohte war schon heftig*
*aber die amarenakirsche*
*auf dem sahnehäubchen*
*war die ankündigung*
*hubert zu heiraten*

dann ist sie heulend
aus dem kiessandbeet gestürzt
sie hat es mir komplett zerwütet

lieschen da musste ich weinen
charlotte auch

nachdem ich meine tränchen getrocknet
und charlotte getröstet habe
sind wir in öhrchens büro geeilt
sie saß zusammengesunken
vor ihrem konzertflügel

öhrchen habe ich gesagt
dann würdest Du ja
frau schapwulzki heißen
ist das wirklich dein erklärter wille
das war meinem öhrchen
dann doch zuviel
sie brach mir komplett zusammen

es stellte sich heraus
dass die gute seele
völlig überfordert war
und das hätten charlotte und ich
schon wesentlich
eher erkennen müssen
unserer oberflächlichkeit
war es zu zuschreiben
dass sich unser treues öhrchen
verheizt fühlte
auf dem schlachtfeld
unseres niederen profitdenkens

charlotte und ich
schämten uns sehr

aber noch war nichts zu spät

mir ist es
durch harte verhandlungen gelungen
helmas schwester hille abzuwerben
sie kommt aus der textilbranche
und sogar produktähnlich weil
im bereich bettwäsche tätig
da ist mir ein richtiger hattrick gelungen
war nicht ganz billig
aber die investition hat sich gelohnt

hille steht eigenverantwortlich
öhrchen zur seite
ist für den bereich controlling zuständig
überwacht die produktionseffektivität
erstellt kosten nutzenanalysen
und  führt ein reporting ein

mittlerweile wurde aber auch
unsere räumliche situation
zur zumutung für alle mitarbeiter
da kam helma auf die rettende idee

sie hatte ja noch ein paar stunden
ihrem schwippschwager
auf einer baustelle mitgeholfen
der bauherr ist mit seiner firma
über die wupper gegangen
und das objekt stand zur disposition

wir haben dann ganz fix eine
immobiliengesellschaft gegründet
und uns das objekt
für einen appel und ein ei
unter den nagel gerissen

jetzt hat jeder ein komfortables büröchen
meines ist
auf dem flachdach
mit vorzimmer
dachterasse
und kiessandbeet


liebes lieschen
es hatte sich in letzter zeit
wieder viel ereignet
aber eins nach dem anderen

zuerst hatte ich meinen führungsstab
im konferenzraum zusammen gerufen
die marschrichtung
sollte festgelegt werden

was mir schon längere zeit
auf den magen drückte
war der name des unternehmens
was in gründungszeiten
für umsatzrekorde sorgte
konnte in anbetracht der expansion
zum hemmschuh werden

*also habe ich mit meinen mädels*
*den begriff koslowski sisters*
*vorsichtig zur diskussion gestellt*

*hocherfreut und überrascht war ich*
*über die anschließende diskussion*
*der name war allen schon lange*
*ein dorn im auge*
*mir fiel ein steinchen vom herzen*

*gemeinsam einigten wir uns*
*auf das kürzel KS*
*zumal der vorschlag*
*in zukunft sämtliche produkte*
*mit diesem firmenzeichen*
*zu kennzeichnen*
*jubelnd angenommen wurde*

*lieschen KS*
*mit goldfädchen eingestickt*

*helma hatte eine näherei aufgetan*
*die über die wupper gehen sollte*
*sie ist jetzt als hundertprozentige tochter*
*von uns geschluckt worden*
*und heißt KS textil*

*weiter geht es*
*stell dir vor lieschen*
*wir nennen uns jetzt*
*KS international*
*das musst Du*
*in fremdländisch aussprechen*
*dann kommt das richtig gut herüber*

jannette hat ihren job
im dorf düsterwand geschmissen
und ist mit im team
in irgendeinem pariser vorort
konnte sie einen wäschehersteller
davon überzeugen
seinen betrieb an uns zu veräußern
der heißt jetzt KS textil frances
dort werden jetzt
hochwertige teilchen hergestellt
lieschen französische spitze vom feinsten
mit unserem logo

jannette hat muster mitgebracht
die mädels haben
in die händchen geklatscht
vom bürogebäude gleich nebenan
wird der französische markt
unter dem namen
der muttergesellschaft versorgt
das bin ich
die mutter der nation hahahaha
jannette leitet dort die geschäfte
sie ist richtig aufgeblüht
die treue seele

und dann hatte wonni
eine kleinen anfrage
ihre nichte hat examen gemacht
und noch keinen job in aussicht
wonni fragte ob nicht eine stelle
in unserem unternehmen
für die kleine frei sei

*b w l  lieschen  b w l*

*auf jeden fall haben wir gemeinsam*
*ein liedchen gesungen*
*die versammlung aufgelöst*
*und im anschluss*
*bin ich mit wonni essen gegangen*

*und was wir dabei ausgeheckt haben*
*schreibe ich dir im nächsten brief*


*haha lieschen*
*jetzt geben wir richtig gas*

*wonnis nichte die lisa*
*brachte gleich eine handvoll*
*frisch b w l examinierte*
*zu ihrem vorstellungsgespräch mit*
*jane eine gewesene austauschstudentin*
*aus den vereinigten staaten*
*nina eine ganz liebe aus italien*
*und marajke eine nette holländerin*
*die im rahmen des euregio projektes*
*mit lisa studiert hat*
*sarah ist britische staatsbürgerin*
*lebt aber seit 10 jahren bei ihrer tante*
*in deutschland*
*und ishiko hokaido*
*eine ganz charmante japanerin*
*deren eltern auch seit jahren*
*in deutschland leben und arbeiten*

*jetzt kannst Du dir ja fast schon denken*
*wie wir hier gas geben werden*
*hahahaha*

*nadja hat die letzte zeit nur noch*
*in flugzeugen hotels*
*und wartehallen verbracht*
*aber sie war erfolgreich auf ganzer linie*

*nächste woche sitze ich*
*in flugzeugen*
*hotels und bei notaren*
*und unterschreibe die fertigen verträge*
*hahahahaha*

*die mädels machen hier*
*noch kurz ein praktikum*
*dann wird jane meine tochter in new york*
*nina geht nach mailand*
*marajke übernimmt*
*KS international amsterdam*
*sarah erweitert den konzern in london*
*und lisa wird für spezielle aufgaben*
*in genf eingesetzt*

*nadja hat schon ein entsprechendes*
*nummernkonto eingerichtet*
*ich muss nur noch unterschreiben*
*hahahaha*

*ishiko die zarte*
*geht nach tokio*

*da werden wir*
*den brüdern und schwestern nippons*
*einmal zeigen*
*dass sie auch von uns lernen können*
*hahahahaha*

*für jedes tochterunternehmen*
*greift ein eigenes konzept*
*und wenn Du jetzt meinst*
*dass wir an gründerzeiten anlehnen*
*da hast Du dich gründlich geirrt*
*liebes lieschen*
*hahahaha*

*meine töchter*
*sind aktienunternehmen*
*allesamt börsennotiert*
*und frage jetzt mal*
*wer diesmal die wirklich*
*absolute aktienmehrheit hat*

*natürlich*
*charlotte und ich*

*hahahaha*

*wo wir sind*
*ist vorne*

*hahahaha*

*So liebes lieschen*
*jetzt starten wir durch*

*die mädels habe ich bei einer konferenz*
*klar und deutlich*
*auf die philosophie des unternehmens*
*eingeschworen*
*liederliche frauenzimmer*
*werden nicht geduldet*
*das ist oberste maxime*
*und ganz wichtig*

*dann habe ich mit wonni zusammen*
*mein neues internationales führungsteam*
*zum flughafen begleitet*
*es gab bewegende abschiedsszenen*
*charlotte und ich haben auch geweint*
*auf die mädels kommt eine menge arbeit*
*vor ort zu denn*
*es ist mir gelungen eine*
*gastronomiekette*
*aufzukaufen hahaha*

*bistro KS international*

*das personal ist nur weiblich*
*es wird ganz viel wert*
*auf ein adrettes erscheinungsbild gelegt*
*auch was das ambiente*
*der lokale angeht*
*alles vom feinsten liebes lieschen*

wer interesse signalisiert
darf zeitgleich zur beschäftigung
bei KS bistro
für KS international tätig werden

die studentinnen stehen schlange
für einen job
und jetzt kennst Du auch den grund
warum ich meine oberste maxime
so eingeschworen habe

unser unternehmen
ist gesellschaftsfähig
wir sind gesellschaft
hahahahaha

und ishiko die zarte lotusblüte
ist vorreiterin für eine weitere idee

weißt Du lieschen was in tokio
der allerletzte schrei ist
einen tag bei KS bistro tokio
zu arbeiten und den liebsten
zum geburtstag zu beschenken

stell es dir vor
die töchter nippons bezahlen dafür
bei uns arbeiten zu dürfen

sie erhalten ein entsprechendes zertifikat
und der liebste erhält zum geburtstag
ein liebevoll gestaltetes päckchen

und wenn Du jetzt meinst
dass eine neutrale verpackung
gewünscht wird
irrst Du dich gewaltig
es gehört zum guten ton
dass der postbote sofort erkennt
von welchem unternehmen
die sendung ist
nicht zu fassen lieschen

in der nächsten zeit
wird vorsichtig versucht
dieses konzept
auch in den anderen weltstädten
einzuführen

aber erst laufen die vorbereitungen
für die olympischen spiele
sollen ja wieder fröhliche werden
wonni hat
eine entsprechende kollektion entworfen
sie ist jetzt bei jannette
da dürfen wir
auf das ergebnis gespannt sein
hahahaha


*l*iebes lieschen
etwas ganz schlimmes ist passiert
die worte verschwimmen
vor meinen augen
ich versinke in einem tränenmeer

charlotte und ich
sind unter die räuber gefallen

die panzerkacker sind
in mein penthausbüro eingebrochen
und haben den safe aufgeschweißt
sie haben uns das wertvollste gestohlen
das wir besitzen
mein unter einer glashaube
mit zusätzlicher alarmanlage gesichert
auf rotem samt gebetteten
ersten selbstgetragenen schlüppi
mein erster hexenhausgeflüster
ist weg

alles haben sie liegen lassen
die aktien die verträge
die kaffeekasse
nur auf meinen glücksbringer
haben sie es abgesehen

ich bin ruiniert

der polizeipräsident war bei mir
er hat meine hand gehalten
und mir gesagt
dass ich jetzt ganz tapfer
und stark sein muss

es wurde eine
sonderkommission höschen gebildet
und eine nachrichtensperre verhängt
interpol ist eingeschaltet

die telefonanlage wird überwacht
es wird damit gerechnet
dass lösegeldforderungen
gestellt werden
wir sind hier schon in guten händen

lieschen was ist das
für ein schlechtes ohmen
läutet dieser dreiste raub das ende
meines imperiums ein
charlotte spricht mir ganz viel mut zu

öhrchen hat kaffee gekocht
selbst helma ist ruhig

es liegt eine spannung im raum
die unerträglich ist

es besteht auch die möglichkeit
dass mein erster selbstgetragener
hexenhausgeflüster
längst ins ausland verschleppt wurde
vielleicht im safe eines durchgeknallten
und rücksichtslosen multimillionärs
neben eines längst
von den versicherungen
abgeschriebenen van goghs
sein dasein fristen muss

lieschen
ich muss jetzt meine tränensäcke kühlen
sobald ich neuigkeiten habe
lasse ich es dich wissen
sei lieb gegrüßt

*das ist das allerletzte*
*lieschen ich fasse es nicht*
*so eine dreistigkeit*

*aber ich berichte besser*
*von anfang an*

*der örtliche dorfpolizist hat am abend*
*mehrere gestalten dabei beobachtet*
*wie sie sich an dem briefkasten*
*der hiesigen gemeindeverwaltung*
*zu schaffen machten*

*die verdächtigen personen*
*wurden sofort auf die wache*
*mitgenommen*
*da wollten diese kerle wohl zuerst*
*ihre identität nicht preisgeben*

*in einem briefumschlag*
*lieschen einem briefumschlag*
*befand sich mein glücksschlüppi*
*unversehrt dem himmel sei dank*

*helma und ich sind zur wache geflogen*
*und dann ging die post ab*
*die kerle sind die neffen*
*von helmas ex schweinebauern*
*als sie helma erblickten haben sie sofort*
*um gnade gewinselt*
*und ein geständnis abgelegt*

*die drei sind von ihrem onkel*
*angeheuert worden*

haben sich allerdings in der etage vertan
sie wollten an helmas glücksbringer

schweinebauer wurde verhaftet
und legte sofort
ein umfangreiches geständnis ab
stell dir vor lieschen
mit dem dreisten raub
wollte dieser barbar
helma zur heirat zwingen

auf jeden fall musste er seine neffen
ordentlich zusammengefaltet haben
als sie
mit dem falschen schlüpfer aufschlugen
deshalb wollten sie sich der heißen ware
ganz schnell entledigen
und dann einen neuen versuch starten
der ja nun vereitelt wurde

helma hat feuer gespuckt
und herumgebrüllt
so kriegst Du mich nie Du ferkel

hille hat mich dann
von der wache abgeholt
und zu meinem büro gebracht
dort habe ich dann
meinen hexenhausgeflüster
auf sein samtkissen gelegt
und die glashaube
wieder ordentlich aufgesetzt
meine kleine welt ist wieder in ordnung
dem himmel sei dank

*lieschen mein lieschen*
*ist das heute*
*ein wunderschöner tag*

*die sonnenstrahlen tanzen*
*auf meinem zierbrunnen*
*einen fröhlichen tanz*

*meine japanische gärtnerin*
*erzieht meine bonsais*
*charlotte und ich haben vorhin*
*herzallerliebste kreise*
*im kiessandbeet geübt*

*ich habe übrigens*
*eine neue kleine harke*
*ishiko hat sie mir mitgebracht*
*als sie die neuen mustervorschläge*
*zur olympiade hier präsentierte*
*ich habe ihr eine große freude gemacht*
*als ich ihre aktienanteile von KS tokio*
*auf neun aufstockte*
*sie bekam sie von mir*
*als besondere auszeichnung*

*als wir im anschluss an die präsentation*
*die ich als gelungen bezeichnen darf*
*essen gegangen sind*
*teilte mir ishiko mit*
*dass die große tokioer zeitung*
*tokodio klatschbum*
*an sie herangetreten ist*

sie haben um ein interview
mit mir gebeten
ishiko sollte in dieser angelegenheit
vermittelnd tätig werden

ihr großonkel
ist ein angesehener journalist
und möchte das gespräch
persönlich mit mir führen

Du musst das jetzt
aus fernöstlicher sicht sehen
liebes lieschen
hätte ich ishiko diese bitte abgeschlagen
wäre das mit einem gesichtsverlust
für die sanfte verbunden gewesen
und sie hätte darauf nur angemessen
mit harakiri reagieren können
ich konnte doch nicht riskieren
meine fähigste mitarbeiterin
in fernost zu verlieren und meine mädels
hätten mir das niemals verziehen

also habe ich zugestimmt

letzte woche konnte ich also
herrenbesuch aus japan hier empfangen

wir haben sehr angeregt geplaudert
auf meinem dachgarten
wurden fotos gemacht
mein kiessandbeet wurde
mit hochachtung betrachtet

und weil ich mich
durch diese äußerst zurückhaltende
und höfliche art meiner besucher
geschmeichelt fühlte
durften sie auch mein heiligtum
den safe mit meinem glücksbringer
betreten und ein bild von mir machen
wie ich neben meinem glasschrein stehe
ihn umärmel und sanft lächele

ein exemplar schicke ich dir
mit der post
ich kann zwar nicht lesen was da steht
aber die fotos von mir sind gut geworden
so finde ich

meine gärtnerin
hat mir den artikel übersetzt
ich werde als berühmtheit
in japan gehandelt

und was auch erwähnt worden ist
der ganz neue unternehmenszweig
KS tokio inlove
es hat sich nämlich
aus dem unternehmen
noch eine gut florierende
heiratsvermittlung entwickelt

ist das nicht ein wundervoller tag
und die sonne scheint nur für mich
und für charlotte
und für dich liebes lieschen

*Mein liebes lieschen*
*der prophet zählt nichts*
*im eigenen haus*
*das muss ich immer wieder feststellen*

*jetzt lächelt mein gesicht*
*auf den titelseiten fast*
*aller großen zeitschriften der welt*
*mein tagesablauf besteht nur noch*
*aus teminen*
*mit der internationalen presse*
*und im örtlichen käseblatt muss ich*
*jede kleinanzeige die ich aufgebe*
*voll bezahlen*
*das ist unglaublich*

*dabei habe ich den landwirtschaftlichen*
*noch beim letzten karnevalsumzug*
*aus der patsche geholfen*
*die wollten sich mit ihrer fußgruppe*
*als suffragetten verkleiden*
*und wurden bei mir vorstellig*
*helma hat dann noch einige*
*originalverpackte ladenhüter*
*aus ihrer vergangenen zeit ausgegraben*

*mit dem hinweis*
*diese nicht zurückbringen zu müssen*
*ist die gruppe dann frohgemut*
*wieder abgezogen*

wo ist der mensch zuhause
liebes lieschen
richtig da wo er wurzeln schlagen kann
da wo harmonie und einklang herrscht
mein kiessandbeet mein safe

wonni und jannette haben mich übrigens
sehr überrascht
sie haben fahnen anfertigen lassen
jede einzelne ist ein prachtexemplar
mit den rennern der nationen
auf farblich abgestimmten grund
die einfahrt zum hauptgebäude ist
flankiert von fahnenmasten
von meiner dachterasse aus
kann ich mich nicht sattsehen
an diesem anblick

übrigens tragen die damen
der französischen
nationalmannschaft *KS* kollektion
im anschluss an die wettkämpfe finden
internetauktionen statt
die hälfe des erlöses
fließt in den hilfsfond
für gefallene mädchen an der seine
das war jannettes idee

sie machte übrigens den vorschlag
die kollektionen auch ungetragen
auf den markt zu bringen
die nachfrage ist gewaltig

mittlerweile musste die näherei
erweitert werden
helma ist dann nach frankreich gejettet
und war dort
baustellenleitende obermonteurin
hat sie prima gemacht die gute

auch jane ist fleißig
und ich muss sagen
dass es schwer ist
den amerikanischen markt zu erobern

aber sie hat es geschafft
die cheerleader
der football ligamannschaften
unter vertrag zu nehmen
die tragen unser logo auf ihren shirts
seid dem läuft das geschäft
auch in den staaten

wonni ist voll in ihrem element
sie bereitet schon die
fussballweltmeisterschaft vor
und da bin ich mir ganz sicher
das wird ein richtiger knaller


*g*erade erst bin ich zurück
und schon möchte ich dir berichten
liebes lieschen

eine woche lang war ich
bei nina in mailand

*es war traumhaft*
*irgendwie gehen die uhren dort anders*
*ich habe es genossen*

*sie hatte ein etwas schlechtes gewissen*
*weil sie meinte*
*dass sie mit ihrem konzept*
*unter den anderen nicht mithalten kann*
*ich habe ihr erklärt*
*dass ich keinen wettbewerb*
*ausgeschrieben habe*
*wichtig ist dass alle zufrieden sind*
*geld ist nicht alles nina*
*habe ich ihr gesagt*
*wir sind in italien*
*lass uns die zeit genießen*

*dabei hatte gerade nina*
*eine so wundervolle idee*
*die auch sofort*
*von den anderen töchtern*
*übernommen wurde*

*KS international mitarbeiterinnen können*
*wenn sie möchten*
*eine winzige anstecknadel tragen*
*kleine glitzernde strassteinchen zu*
*buchstaben geformt*
*nina meinte*
*das würde die italienischen männer*
*kirre machen*
*nicht nur die*
*wie mir im rapport gemeldet wurde*
*aber das nur am rande*

wir haben viel zeit
mit gesprächen verbracht
nina ist übrigens verliebt
der knabe
muss der sohn eines gottes sein
wir waren noch ausgiebig einkaufen
lieschen
das sollten wir beide
auch einmal machen

dann war die woche leider um
und ich bin zu lisa nach genf geflogen

das ist dort eine ganz andere welt
lisa und ich ergingen uns
an der promenade
die sonnenstrahlen tanzten
auf dem leichten wellengang
und in der luft lag der duft
des ganz großen geldes

lisas aktivitäten erfordern
viel fingerspitzengefühl
im grunde genommen
kann ich nur feststellen
dass es dem nummernkonto
mehr als gut geht
das ist schon zuviel gesagt
aber hinter vorgehaltener hand lieschen
verrate ich soviel
aber erzähle es bitte nicht weiter
über mittelsmänner wird interesse
an lisa herangetragen

sie ist im gespräch mit den grossen
aus film und sogar politik
die dann gegen ganz viel geld
und mittels mittelsfrauen dezent
die umschläge in eigens
angemieteten hotelzimmern deponieren
wo sie dann
dezent umschläge hinterlassen
deren inhalt
ebenfalls dezent
auf meinem nummernkonto landet

ich frage mich natürlich auch
was das ganze soll
ich denke es hat vielleicht
mit diskretem charme
zu tun
wie dem auch sei lisa ist auch verliebt
ein sehr wohlgeratener junger mann

lieschen an diesem see
solltest Du auch einmal verharren
es liegt schon etwas besonderes
in dieser luft
das meint auch charlotte
die dich lieb grüßen lässt


*S*ei gegrüßt
  lieschen
gerade habe ich sarah
zur fähre gebracht
sie fliegt nicht gerne

über die feiertage
war sie bei ihrer tante
und dann kam sie
auf einen sprung vorbei
um bericht zu erstatten

wir haben tee getrunken
und geplaudert
sie ist so typisch britisch

sarah berichtete mir
dass die geschäfte in london
so vor sich hin plätscherten
bis dann eine gruppe
militanter feministinen regelmäßig
im hydepark gegen KS zickten

das wurde sogar im fernsehen gezeigt
es folgten richtige demonstrationen
und sarah wurde
zur stellungnahme genötigt

von dem moment an
lief das geschäft hervoragend
was mein herz erfreut

ansonsten ist in london
soweit alles bestens
nur versucht seid geraumer zeit
sehr hartnäckig
eine gewisse camellia
mit meiner sarah
ins gespräch zu kommen

sarahs vorzimmerdame
wimmelt sie ab
mit dem hinweis
auf unsere oberste maxime
aber diese dame scheint
nicht aufgeben zu wollen

ich habe sarah gesagt
dass sie nicht so streng sein soll

marajke habe ich letzte tage
in amsterdam besucht

die holländer haben ihren spass
an unserer idee
beim letzten straßenumzug
so berichtet marajke
hätten sich die männer das modell
oranje maisje wie eine mütze
auf den kopf gesetzt
schade dass ich nicht dabei war
aber wir haben uns fotos betrachtet
wirklich sehr fröhliche bilder


*S*tell dir vor lieschen
meine hille hat uns verlassen
Du weißt doch noch
dass ich sie seinerzeit
von diesem bettwäsche unternehmer
quasi ausgelöst habe

der kam jetzt in mein büro
legte mir die summe nebst bankzinsen
auf den schreibtisch und meinte
dass er hille zurück haben will

ich habe ihm gesagt so geht das nicht
wir sind hier keine menschenhändler
er sagte daraufhin dass er den schritt
von damals zutiefst bereue
ja und dann kam hille dazu
nahm seine hand sah mich mit tränen
in den augen an und sagte nur
bitte fred und ich wollen heiraten

lieschen konnte ich das ahnen
er durfte sein geld
gleich wieder einstecken
hille steigt wieder in bettwäsche ein
und als hochzeitsgeschenk von mir
darf sie eine eigene kollektion
mit unserem logo
in freds firma herausbringen
ich muss nicht alles haben
wichtig ist dass hille glücklich ist
mit ihrer wäsche und dem fred
aber ein bisschen traurig war ich schon

und dann kam
der nächste schlag für das unternehmen

ich schreibe nur
nadja de catherin
die vermittlerin zwischen den kontinenten
die einrichterin der nummernkonten

*auch sie hat ihr glück gefunden*

*Du hättest dabei sein sollen*
*wonni hat fotos gemacht*
*die schicke ich gleich mit*
*aber ich berichte von anfang an*

*ich hatte das morgenlied*
*noch auf den lippen*
*wollte mich gerade mit charlotte*
*und meiner kleinen harke*
*unserem kiessandbeet zuwenden*
*als ich polizeisirenen hörte*
*charlotte und ich sind zur brüstung*
*unseres dachgartens geeilt*
*um einen blick*
*in unsere einfahrt zu werfen*
*die übrigens immer noch*
*von wehenden fahnen gesäumt ist*

*lieschen ich bekam augen*
*wie groteske jojos*
*und mir fiel der kitt aus der brille*
*als ich sah*
*was da vor sich ging*
*eine polizeieskorte*
*begleitete einen konvoi*
*von staatskarossen*
*charlotte rief ich aus*
*jetzt kommt die königin*
*von schwedenstahl*
*und*
*öhrchen setze kaffee auf*
*wir bekommen besuch*

lieschen so schnell konnte ich
nicht blaubeerkuchen sagen
wie das gesamte gelände
von sicherheitskräften bevölkert wurde
ich rief öhrchen zu
setze eine kanne kaffee mehr auf

die wagentüren wurden aufgerissen
und wer entstieg
der gepanzerten limosine
unsere nadja
aufgebretzelt wie eine diva
und auf der anderen seite
stieg ein mann aus
der aussah wie ein ölscheich
wie sich später herausstellte
war er auch einer

und wie ich in den konferenzraum eile
um die gäste zu begrüßen
ist der schon voll gepackt worden mit
geschenken
teppiche rennkamele geschmeide
blumen

alles für mich und charlotte
wir hatten kaum noch platz zum sitzen

nadja erzählte dann
dass sie abdul
übrigens ein richtiger prinz
in einer genfer bank kennengelernt hat

abdul muss bei nadjas anblick
geschmolzen sein
wie butter in der sonne
und hat im schussel versehentlich
seinen geldkoffer mit nadjas vertauscht
so nahm die geschichte ihren lauf
auf jeden fall hat er bei mir
um ihre hand angehalten

wonni zischte mir zu
sag einfach nur ja
nicht ja aber

was sollte ich machen

jetzt liegt nadja in der sonne
auf abduls yacht
schlürft champagner
lässt sich frische luft zufächeln
und teilte mir bei ihrem
letzten anruf mit
dass ich dich
schön grüßen soll


lieschen wie geht es dir
ich hoffe doch gut
charlotte und ich
können uns nicht beklagen

wir konnten mit unseren unternehmen
im letzten jahr unsere konzerngewinne
deutlich steigern

und blicken auf das beste jahr
der unternehmensgeschichte zurück

die umsätze klettern
die betriebsergebnisse wachsen
ein wenig hat es wohl auch damit zu tun
dass unsere speditionen
auf biodiesel umgestellt wurden
das hat etwas mit der steuer zu tun
aber ich will dich nicht langweilen
und berichte lieber
über die aktuellen neuigkeiten

wonni plante wieder zicken zu machen
es ist mir nicht entgangen
denn wer sie etwas näher kennt
kann bemerken
dass sich ihre ohrläppchen leicht röten
wenn wieder etwas bei ihr im busch ist

charlotte und ich haben aber so getan
als würden wir es nicht bemerken
und warteten die entwicklung ab
bis helma dann die dachterasse stürmte
und uns in ihrer liebevollen art ansprach

schmeisse deine idiotische harke
in den sand
und komme rein
ich habe mit euch zu reden gnädigste

bis heute
bin ich nicht dahinter gekommen
warum mich helma
in der dritten person anspricht
wenn sie zornig auf mich ist

charlotte ist der meinung
dass der grund darin liegt
dass helma klare verhältnisse
im umgang
mit ihren mitmenschen benötige
und wir beide
sie einfach nur verwirren

wie dem auch sei
helma begann ihre ausführungen
dergestalt
dass sie mir unterstellte
ich hätte mit meiner spiritualität
schon so abgehoben
dass ich nicht bemerken würde
was um mich herum geschieht

dem musste ich widersprechen
schließlich erde ich mich täglich
zusammen mit charlotte
in unserem kiessandbeet

dann eröffnete mir helma
dass sie informationen habe
die wonni betreffen
und dass diese
mit ihrem leo durchbrennen wolle
leo ist der sekretär von wonni

erinnere dich lieschen
der bruder von diesem
fussballspieler mit dem wonni
ohne höschen
auf den malediven war

schweinebauer hat wonni
zufällig dabei beobachtet
wie sie in einem reisebüro im nebenort
one way tickets für zwei personen
zu den malediven
mit zwischenstop in gretna green
gebucht hat

warum bucht sie nicht bei KS albatros
war da meine frage
darauf gab es nur eine antwort
die beiden wollen durchbrennen

ich habe dann zu helma gesagt
jetzt lasse uns doch nicht
zu spassverderbern werden
wonni hat sehr viel gearbeitet
in letzter zeit
gönnen wir ihr das glück
der sich verflüchtigenden momente
alles wird gut

bei nacht und nebel sind die beiden
dann tatsächlich losgeflogen
öhrchen helma charlotte und ich
haben von oben reiskörner
auf die gangway geworfen und
ihrer maschine nachgewunken

später in meinem büro
wurde auf die beiden angestoßen
und dann habe ich
ihren abschiedsbrief verlesen
den wonni mir auf mein kiessandbeet
neben meine kleine harke gelegt hat

sie hat die einmalige chance bekommen
als erste weibliche trainerin
eines fussballnationalteams
geschichte in der maledivischen
sportwelt zu schreiben
und will ihre eigenen geschäfte aufbauen
mit bananengelben männerschlüppis

man trennt sich nie ganz
etwas schlüppi geht immer mit


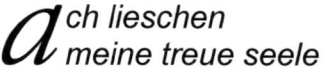*a*ch lieschen
meine treue seele

so nach und nach
vereinsamen charlotte und ich
auf unserer dachterasse

jetzt will sich auch noch
mein lieblingsöhrchen
aus den geschäften zurückziehen
ich kann sie ja auch verstehen
im prinzip hat sie auch nur noch
die funktion des wachsamen auges
über den büchern

öhrchen macht also nur noch äugelchen
und da meinte sie
dass sie diese tätigkeit durchaus
als geringfügig beschäftigte
ausüben könnte

hubert befindet sich
in phase drei auf dem weg
zur vorzeitigen pensionierung
und seufzt schon bei dienstbeginn
oh herr lass es siebzehn uhr werden
und das noch vor dem frühstück

weißt Du lieschen
die beiden haben sich den herbst
mit wunderschönen tagen
redlich verdient

als die beiden uns dann
händchenhaltend
gegenübersaßen und öhrchen
um ihre entlassung bat
spürte ich den sanften schubs
den charlotte mir gab ganz deutlich

natürlich behält öhrchen
ihren aufsichtsratposten
von irgendetwas müssen die beiden
doch standesgemäß leben
als hubert mir dann noch erklärte
dass er bei der heirat
öhrchens namen annimmt
gaben wir den beiden unseren segen

*charlotte und ich waren trauzeugen*
*die flitterwochen verbrachten sie*
*mit einer kreuzfahrt auf der MS KS resi*
*wir waren gerührt*

*und dann hat uns jannette aufgesucht*
*brachte die neue modellkollektion vorbei*
*entzückend lieschen entzückend*
*und überraschte uns mit der mitteilung*
*dass sie keine lust mehr*
*auf frankreich habe*

*dann brach sie in tränen aus*
*und seufzte*
*dass sie heimweh*
*nach ihrem dorf düsterwand habe*

*ich habe dann sofort gesagt*
*dann lasse uns am wochenende*
*dort richtig*
*einen drauf machen*
*ich mache die mädels mobil*
*wir machen betriebsausflug*

*ich will dort nicht feiern ich will*
*dort wieder arbeiten*
*heulte sie uns vor*
*da war ich dann doch sprachlos*
*und überlegte ob ich ihr*
*nicht ganz vorsichtig*
*die adresse von dieser fachklinik*
*geben sollte*
*die mir damals so geholfen hat*

charlotte bremste mich aber

dann habe ich mir überlegt
dass es sinn gibt
in anbetracht schrumpfender
personalentwicklung
selbst auch zu reduzieren

so habe ich dann jannette meine
aktienmehrheit
an *KS* düsterwand abgetreten
jetzt ist jannette glücklich

siehst Du lieschen
so kann frau auch mit kleinen sachen
den menschen eine freude machen


*l*ieschen so ist das
*l* von dem harten kern
aus gründerzeiten
blieb mir nur noch meine helma

die mir aber in letzter zeit
sehr schweigsam begegnete

so bin ich mit ihr in den imbiss am markt
und bei einer pommes spezial
mit currywurst
hat sie mir dann ihr herz ausgeschüttet

schweinebauer scheint an sich
und seiner umgebung
gearbeitet zu haben

von den schweinen har er sich getrennt
die stallungen sind mit helmas hilfe
zu ferienwohnungen umgebaut worden
an seinem baggersee
entsteht eine wohnsiedlung
mit bootanlegeplätzen und geschäften

helma meinte
jetzt wo er nicht mehr
nach silage stinken würde
könnte sie ihn auch
mit ganz anderen augen betrachten

das konnte ich nachvollziehen

ich wollte ihrem glück
nicht im wege stehen
habe ihr aber gesagt
dass sie jederzeit wieder
bei mir einsteigen kann

wir lagen uns dann weinend
in den armen
haben uns in der kneipe ums eck
zünftig die kante gegeben
und ich bin dann am nächsten morgen
in meinem kiessandbeet erwacht
meine kleine harke umarmend

*die besten gehen zuletzt*

*aber weißt Du lieschen*
*worüber ich mich richtig gefreut habe*
*die mädels haben*
*zusammen geschmissen*
*und mir und charlotte*
*eine richtig große überraschung bereitet*

*sie haben uns*
*ein weltraumteleskop geschenkt*
*und es auf dem dachgarten aufgestellt*

*es kommt noch besser*
*und da hat bestimmt*
*abdul seine finger im spiel*

*kannst Du dich erinnern*
*dass die mädels seinerzeit*
*eine fahne gefertigt haben*

*mein modell hexenhausgeflüster*
*auf weißem grund*

*Du glaubst nicht*
*wo ich die wiederentdeckt habe*

richtig

als ich durch das teleskop blickte
das direkt auf den mond gerichtet ist


da steht sie nun als symbol dafür

dass aus einer idee
einer doppelgarage
und einer erkenntnis

träume in erfüllung gehen können

was mir allerdings in letzter zeit
nicht so richtig aus dem kopf will
ist der gedanke an diesen mann
der damals als ich mit lisa am see saß
am nebentisch platz genommen hatte
und mich die ganze zeit
freundlich und aufmerksam betrachtete


ich denke
ich sollte lisa besuchen
gleich nächste woche


ich werde dich auf dem laufenden halten
liebes lieschen


bis dahin
sei lieb gegrüßt auch von charlotte
deine


*lyr-ich*